LE PETIT
MEC

LE PETIT
MEC

DICTIONNAIRE ILLUSTRÉ DU MATÉRIEL D'ACTIVITÉS DE GRANDE NATURE

MOUNTAIN
EQUIPMENT
CO-OP

La coopérative de plein air

Responsable de la publication: Louise Arbique
Coordonnatrice et recherchiste: Marie-Claude Dumont
Collaboration à la recherche: David Bishop, Marie-Christine Adam
    et Catalina Policzer
Révision de l'index anglais: Victoria Bushnell

Terminolugle: Annie Bourret, linguiste
Comité de terminologie: Louise Arbique, Vincent Béasse,
    Marie-France Bernard, François Boucher et Marie-Claude Dumont
Collaboration à la terminologie: Marc Blais, Christian Bergeron

Consultants: Tyrone Brett, Phillip Torrens, Vincent Dupuy et Lynn Charbonneau

La publication de ce dictionnaire, qui a été rendue possible grâce à
Peter TerWeeme et Mountain Equipment Co-op, est une initiative de
Louise Arbique d'après une idée de Embryon Communication Design Inc.

Maquette et mise en pages: Folio Infographie

Chers membres,

Afin de satisfaire à la demande des traductrices et traducteurs qui pressaient Mountain Equipment Co-op (MEC) de rendre disponible son glossaire français de matériel d'activités de grande nature, l'équipe de MEC a décidé d'en faire un dictionnaire illustré intitulé avec humour LE PETIT MEC.

Par cette publication MEC reste fidèle à sa mission d'être à l'avant-garde en matière d'engagement social et renouvelle son désir de s'impliquer toujours plus activement dans la communauté.

C'est donc avec plaisir que MEC vous présente ce dictionnaire illustré de matériel d'activités de grande nature, le premier en son genre.

Fondée en 1973 par quatre étudiants de la Colombie-Britannique, Mountain Equipment Co-op est une coopérative qui offre à ses membres des produits et services de qualité pour les loisirs de grande nature non motorisés.

L'équipe de Mountain Equipment Co-op

AVANT-PROPOS

par Annie Bourret, linguiste*

Comme ce petit dictionnaire illustré en fait foi, le langage du matériel d'activités de grande nature est constitué d'un vaste ensemble de notions appartenant à des domaines spécialisés, de la *poulie pare-prussik* de l'escalade au *cale-cuisses* du kayak, en passant par la *bride de pouce* d'un manteau de vélo.

Ces domaines se caractérisent par l'emploi de termes très techniques qui devancent souvent, de plusieurs années, les sources de terminologie usuelles. Ce fut le cas du vêtement appelé *coquille* selon le terme recommandé par l'OQLF en 2001, alors que l'équivalent anglais *shell* existait depuis deux ans. Pour débroussailler ce terrain en constante évolution où le français n'est que rarement la langue d'usage, Mountain Equipment Co-op m'a demandé de chapeauter la démarche terminologique sur laquelle serait fondée la francisation de l'entreprise.

De ce travail est né un glossaire de 6000 termes dont plusieurs figurent dans cet ouvrage. Je pense entre autres aux néologismes *planche à neige divisible* (*splitboard*) et *range-tout suspendu* pour la tente (*gear loft*), sans oublier la transformation du nom *pare-neige* en adjectif pour décrire la fonction des poignets et des chevilles (*powder cuffs*), et de la ceinture de certains vêtements d'hiver (*snow skirt*).

Outre cette dimension néologique, ce dictionnaire témoigne de choix très clairs, notamment une norme linguistique résolument québécoise (*canot* et non pas *canoë*) et la volonté d'employer un langage précis mais simple (*vestibule* d'une tente et non *abside de dégagement*). Mais, par-dessus tout, l'existence même du *Petit MEC* démontre le souci de MEC d'équiper son personnel et ses membres autant avec du matériel convenant aux activités de grande nature qu'avec les mots justes pour le nommer.

* Annie Bourret est auteure de plusieurs livres dont *Pour l'amour du français* paru chez Leméac en 1999.

ESCALADE

MATÉRIEL DE BASE

BAUDRIER

ceinture

boucle
porte-matériel

anneau
d'encordement

anneau de cuisse

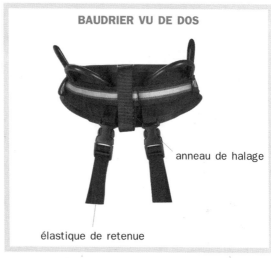

BAUDRIER VU DE DOS

anneau de halage

élastique de retenue

CHAUSSONS DE TYPE BALLERINE

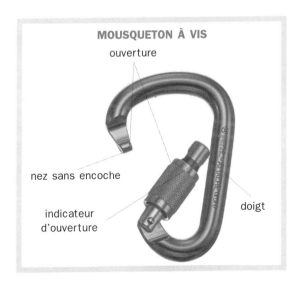

tirant

languette

cambrure

trépointe de tension

élastique latéral

semelle

tige

trépointe

MOUSQUETON À VIS

ouverture

nez sans encoche

indicateur d'ouverture

doigt

chaussons d'escalade

chaussons de type ballerine

pince pour lampe frontale

casque d'escalade

baudrier de poitrine

baudrier complet

baudrier

ESCALADE

nez à
encoche

**mousqueton
à doigt incurvé**

mousqueton classique

**mousqueton
à doigt de fil**

mousqueton à vis

**mousqueton à verrouillage
automatique**

FORME DES MOUSQUETONS

mousqueton ovale

mousqueton en forme de poire

mousqueton en D

ESCALADE

assureur Grigri

assureur

plaquette d'assurage

PROGRESSION ET ANCRAGE

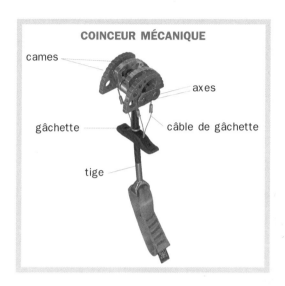

COINCEUR MÉCANIQUE

cames

axes

gâchette

câble de gâchette

tige

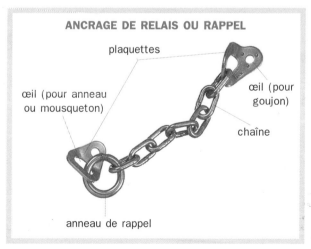

ANCRAGE DE RELAIS OU RAPPEL

plaquettes

œil (pour anneau ou mousqueton)

œil (pour goujon)

chaîne

anneau de rappel

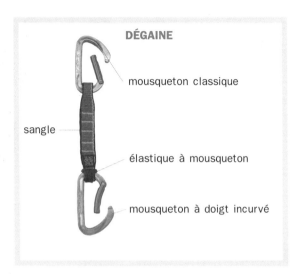

DÉGAINE

mousqueton classique

sangle

élastique à mousqueton

mousqueton à doigt incurvé

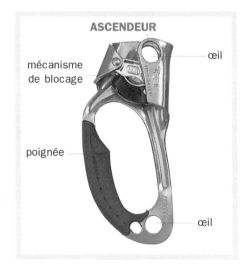

ASCENDEUR

œil

mécanisme de blocage

poignée

œil

coinceur mécanique

coinceur à 3 cames

coinceur

coinceur hexagonal

décoinceur

ESCALADE

coinceur tubulaire

cornière

piton à came

piton Bugaboo

piton en Z

piton mou

crochet

câble tire-pitons

crochet Fifi

coinceurs à
tête de cuivre

tamponnoir

foret

goujon

ancrage de relais
ou rappel

marteau

maillon rapide

ascendeur

ascendeur de dépannage

bloqueur de contre-assurage

ESCALADE

descendeur

poulie pare-prussik

poulie fixe

étrier

CORDES ET SANGLES

CORDES D'ESCALADE

corde simple
(50, 60 ou 70 m de longueur ;
9,5 à 11 mm de diamètre)

demi-corde
(50 ou 60 m de longueur ;
8 à 8,5 mm de diamètre)

cordes jumelles
(50 ou 60 m de longueur ;
7,5 à 8,5 mm de diamètre)

ESCALADE

cordelette

sangle à boucles

sangle de relais

sangles cousues

sangle tubulaire

ACCESSOIRES
ET ENTRAÎNEMENT

protège-semelles

sac à magnésie

boule de magnésie

brosse à prises

matelas d'escalade

ESCALADE

exerciseur d'avant-bras

ruban athlétique adhésif

poutre de traction

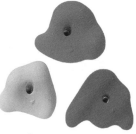

prises d'escalade

sac de halage

siège de relais

plate-forme de bivouac

poire

sangle défile-corde

ESCALADE

sac à corde

tapis à corde

porte-matériel

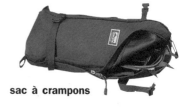

sac à crampons

NEIGE ET GLACE

MARTEAU-PIOLET

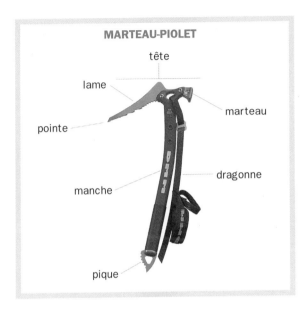

tête

lame

marteau

pointe

dragonne

manche

pique

TÊTE

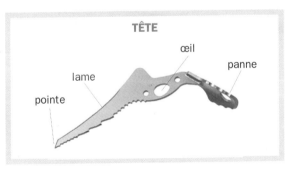

œil

panne

lame

pointe

CRAMPON SEMI-RIGIDE À FIXATION RAPIDE

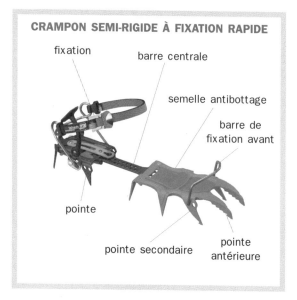

fixation

barre centrale

semelle antibottage

barre de fixation avant

pointe

pointe secondaire

pointe antérieure

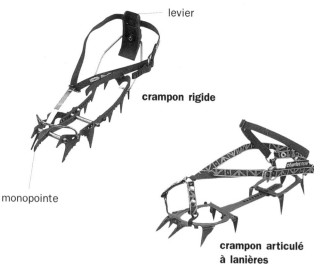

levier

crampon rigide

monopointe

crampon articulé à lanières

piolet d'alpinisme

marteau-piolet

piton à glace

broche à glace

ESCALADE

ancre à neige

pieu à neige

crochet pour Abalakov

porte-broches

CANOT
ET
KAYAK

EMBARCATIONS, PAGAIES ET AVIRONS

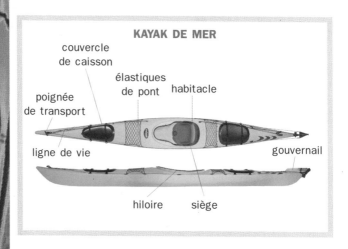

KAYAK DE MER

couvercle
de caisson

élastiques
de pont

habitacle

poignée
de transport

ligne de vie

gouvernail

hiloire

siège

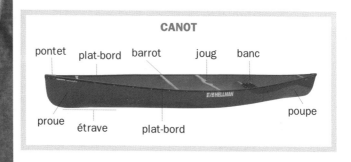

CANOT

pontet

plat-bord

barrot

joug

banc

proue

étrave

plat-bord

poupe

KAYAK D'EAU VIVE

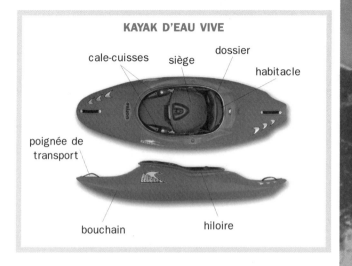

cale-cuisses

siège

dossier

habitacle

poignée de transport

bouchain

hiloire

PAGAIE

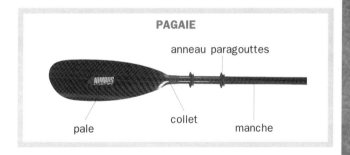

anneau paragouttes

pale

collet

manche

AVIRON

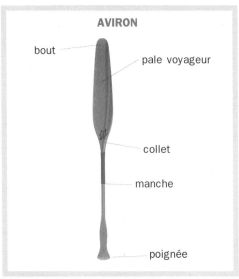

bout

pale voyageur

collet

manche

poignée

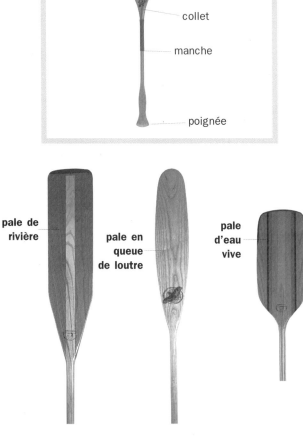

pale de rivière

pale en queue de loutre

pale d'eau vive

kayak solo

kayak tandem

kayak de plaisance

kayak d'eau vive

canot

CANOT ET KAYAK

pagaie pour kayak de mer

**pagaie pour
kayak d'eau vive**

manche
ergonomique

aviron

SÉCURITÉ

VÊTEMENT DE FLOTTAISON INDIVIDUEL (VFI)

bretelles

attache pour couteau

ceinture de remorquage

poche en filet

boucle à déclenchement rapide

barillet

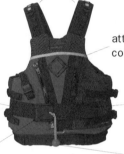

VFI de sauvetage

VFI de kayak d'eau vive

VFI d'expédition

poche d'appoint
pour VFI

pompe à écoper

laisse de pagaie

sac à corde

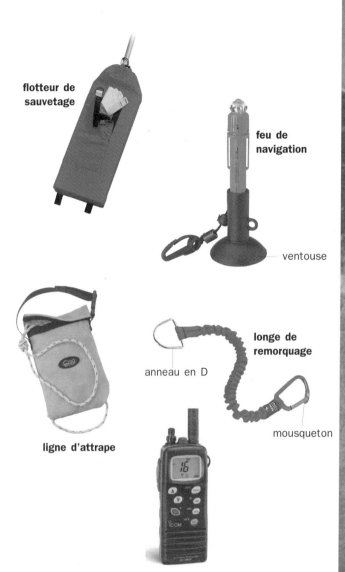

**flotteur de
sauvetage**

**feu de
navigation**

ventouse

**longe de
remorquage**

anneau en D

ligne d'attrape

mousqueton

radio VHF marine

ACCESSOIRES ET CALAGE

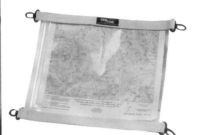

étui à carte

nécessaire pour gouvernail

passe-cordes

ferrure à œillet

pince-nez

mentonnière

casque

jupette

couvre-habitacle

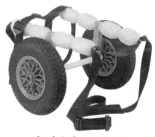

chariot de portage

CANOT ET KAYAK

sac de pont

sacs étanches

sac de portage

étui étanche

sangle d'arrimage

sac de pointe

cale-hanches

cale-cuisses

sangles cale-cuisses

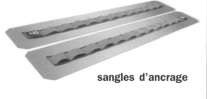

sangles d'ancrage

anneau d'ancrage en D

CANOT ET KAYAK

VÊTEMENTS

ANORAK NAUTIQUE

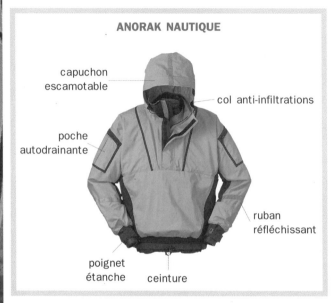

capuchon escamotable

col anti-infiltrations

poche autodrainante

ruban réfléchissant

poignet étanche

ceinture

DOS DE L'ANORAK

capuchon escamotable

taille à double tunnel

maillot nautique

bonnet nautique

cuissard nautique

combinaison étanche

combinaison isothermique

CANOT ET KAYAK

gants de canot-kayak

mouffles de kayak

glissière à gousset

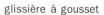

bottillons nautiques

sabot nautique   **chaussette nautique**

VÉLO

ENTRETIEN
ET RÉPARATION

TROUSSE DE RÉPARATION

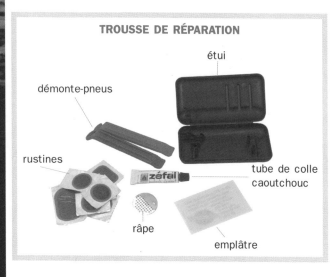

étui

démonte-pneus

rustines

zéfal

tube de colle
caoutchouc

râpe

emplâtre

PATINS DE FREINS À CAOUTCHOUCS
REMPLAÇABLES

support

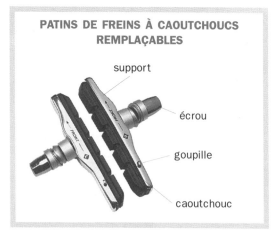

écrou

goupille

caoutchouc

**pneu pour
vélo de route**

**pneu pour
vélo de montagne**

clous

pneu clouté

VÉLO

rallonges de guidon

pointes

pédale plate-forme

maillon de chaîne

clé à pédale

clé à cliquet
pour manivelle

démonte-pédalier

démonte-pignons

extracteur de manivelle

clé à ergots

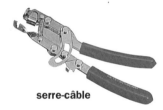

serre-câble

serre-patins

démonte-cassette

VÉLO

nettoyeur de chaîne

dérive-chaîne

indicateur d'usure de chaîne

centreur de jante

support de centrage

support de réparation

tensiomètre à rayons

clé à rayons

VÉLO

SÉCURITÉ

CASQUE INTÉGRAL

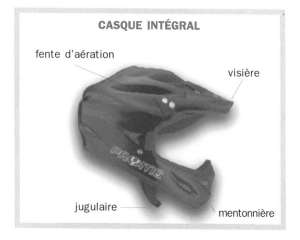

fente d'aération

visière

jugulaire

mentonnière

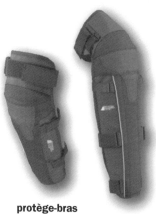

protège-bras

jambière

phare

veste de sécurité

triangle de sécurité

feu arrière

serre-pantalon

rétroviseur pour casque

VÉLO

SACS ET SACOCHES

SACOCHE

sangle à boucles

poche latérale

poche
supérieure

sangles de
compression

bande réfléchissante

SYSTÈME DE FIXATION À CROCHETS

poignée de transport

poignée de
déclenchement

crochet
autobloquant

crochet de tension

sac de porte-bagages

sac messager

protège-sacoche

VÉLO

sac de guidon

sac de cadre

sac de selle

ACCESSOIRES
ET SUPPORTS À VÉLO

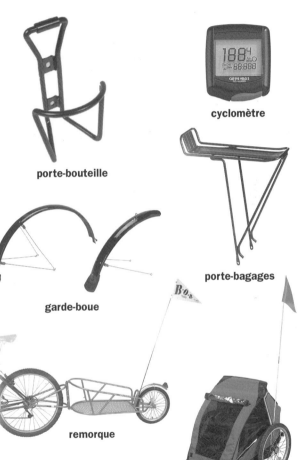

cyclomètre

porte-bouteille

porte-bagages

garde-boue

remorque

remorque pour enfants

dispositif d'attache

support à vélos inclinable

porte-vélo pour support de toit

**fixation pour
fourche de vélo**

**support à vélos
sur roue de secours**

VÊTEMENTS
ET ACCESSOIRES D'HABILLEMENT

MANTEAU DE VÉLO

ruban réfléchissant

protège-menton

glissière d'aisselle

glissière à rabat

bride de pouce

GANTS SANS DOIGTS

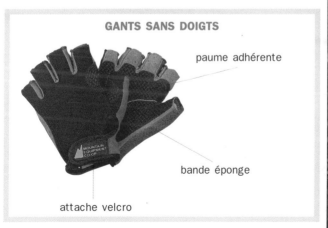

paume adhérente

bande éponge

attache velcro

CHAUSSURE DE VÉLO

boucle de
cou-de-pied

sangle en vclcro

emboîtage
du talon

crampons

SEMELLE DE CHAUSSURE DE VÉLO

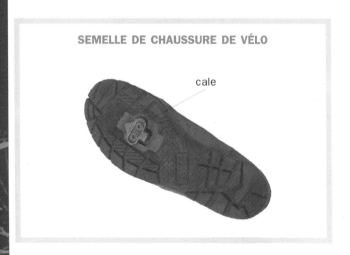

cale

manteau de vélo

maillot de vélo

débardeur

maillot sans manches

VÉLO

corsaire

collant de vélo

cuissard

masque

jambe d'appoint

moufles

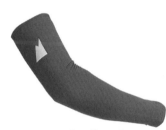

manche d'appoint

gants sans doigts

VÉLO

gants 3 doigts

couvre-casque

chaussure de vélo

couvre-chaussure

SPORTS
D'HIVER

SKI DE MONTAGNE

SKI DE HAUTE ROUTE

profil latéral

spatule

talon

taille

carre

semelle

BOTTE DE SKI DE HAUTE ROUTE

bracelet

chausson

languette

coque supérieure

sangle d'ajustement

levier de position

boucle

débord

débord

coque inférieure

crans de réglage

semelle à crampons

charnière

FIXATION DE SKI DE HAUTE ROUTE

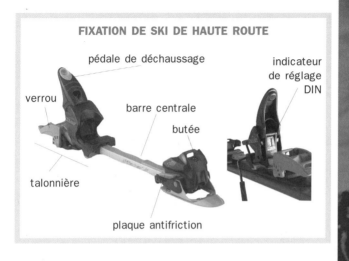

pédale de déchaussage

indicateur de réglage DIN

verrou

barre centrale

butée

talonnière

plaque antifriction

FIXATION DE TÉLÉMARK

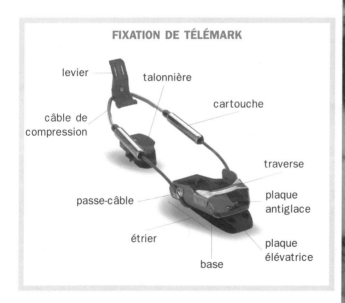

levier

talonnière

cartouche

câble de compression

traverse

passe-câble

plaque antiglace

étrier

plaque élévatrice

base

ÉQUIPEMENT DE SKI DE HAUTE ROUTE

ski

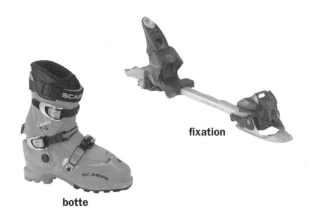

fixation

botte

frein

crampon à ski

ÉQUIPEMENT DE SKI DE TÉLÉMARK

ski

fixation

botte

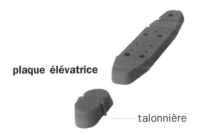

plaque élévatrice

talonnière

ACCESSOIRES

talonnière

cales de montée

lanières de sécurité

peau d'ascension

chausson thermoformable

bâton de ski télescopique

rondelle

SKI DE RANDONNÉE

FIXATION DE SKI CLASSIQUE

butée

étrier

talonnière

fourchette

BÂTON DE SKI DE RANDONNÉE

poignée

manche

panier

dragonne

FIXATION À 3 POINTES

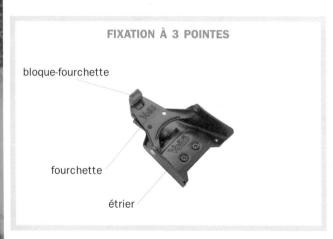

bloque-fourchette

fourchette

étrier

ÉQUIPEMENT DE SKI HORS PISTE

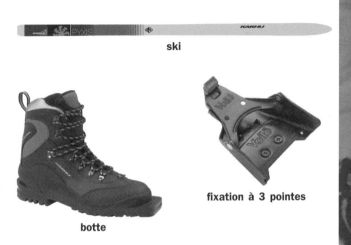

ski

botte

fixation à 3 pointes

SKI CLASSIQUE

botte

ski

fixation

bâton

SPORTS D'HIVER

ÉQUIPEMENT DE SKI DE PATIN

fixation

ski

botte

bâton

PLANCHE À NEIGE, RAQUETTE ET PATIN

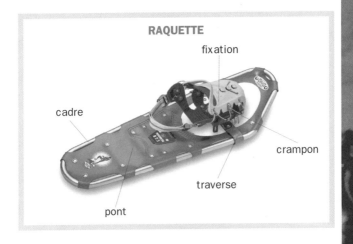

RAQUETTE

fixation

cadre

crampon

traverse

pont

planche à neige divisible

lame de patin nordique

SÉCURITÉ ET ENTRETIEN

**appareil de recherche de
victime d'avalanche (ARVA)**

scie à neige

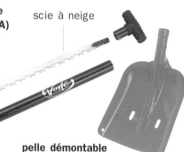

pelle démontable

sonde d'avalanche

thermomètre de poche

clinomètre

grille à cristaux de neige

loupe

câble pour test rutschblock

règle métrique pliante

SPORTS D'HIVER

fer à farter

brosse à fart

grattoir

liège

lime à carres

RANDONNÉE
ET
CAMPING

SACS ET SACS À DOS

SAC À DOS D'EXPÉDITION

poche supérieure ajustable

cordon de serrage

attache velcro

sangle de compression

pochette latérale

boucle porte-piolet

courroie de stabilisation

renfort pour crampons

collet à cordon ajustable

pochette pour carte

boucle

RANDONNÉE ET CAMPING

PORTE-BÉBÉ

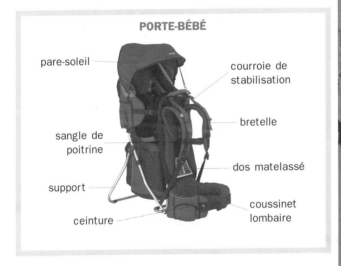

pare-soleil

courroie de
stabilisation

bretelle

sangle de
poitrine

support

dos matelassé

coussinet
lombaire

ceinture

sac à dos d'expédition

sac à dos de voyage

sac à dos de promenade

sac à dos de randonnée

sac de taille

porte-pelle

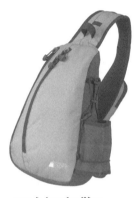

sac à bandoulière

sac-gourde

RANDONNÉE ET CAMPING

sac et sacs à dos

sac de sport

sac messager

porte-bébé

housse imperméable

portefeuille de jambe

ceinture porte-billets

filet antivol

sac de compression

RANDONNÉE ET CAMPING

fourre-tout

fourre-tout
à fermeture repliable

poches d'appoint
pour sac à dos

protège-sac

TENTES

TENTE AUTOPORTANTE

fourreaux

habitacle

double toit

porte

arceau

plancher

points d'ancrage

TENTE TUNNEL

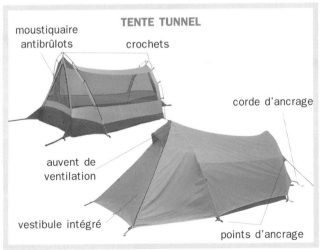

moustiquaire antibrûlots

crochets

corde d'ancrage

auvent de ventilation

vestibule intégré

points d'ancrage

RANDONNÉE ET CAMPING

tente
autoportante

double toit

tente tunnel

double toit

tente à paroi simple

sac bivouac

abri bivouac

toile de sol

range-tout suspendu

RANDONNÉE ET CAMPING

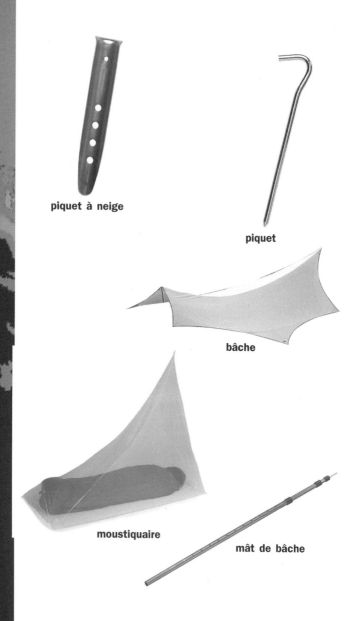

piquet à neige

piquet

bâche

moustiquaire

mât de bâche

SACS DE COUCHAGE

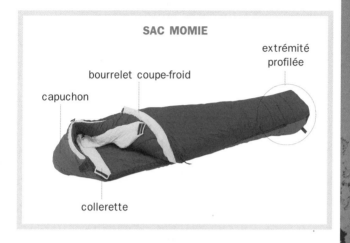

SAC MOMIE

extrémité profilée

bourrelet coupe-froid

capuchon

collerette

MODES DE CONFECTION

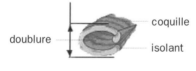

épaisseur (synthétique), gonflant (duvet)

coquille

doublure

isolant

 cousu bord à bord

 piqué double décalé

 cloisons

 cloisons inclinées

sac momie

sac rectangulaire

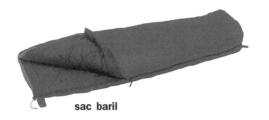

sac baril

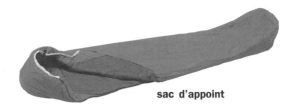

sac d'appoint

doublure d'appoint

siège de sol

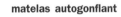

matelas autogonflant

matelas de sol

RANDONNÉE ET CAMPING

ACCESSOIRES

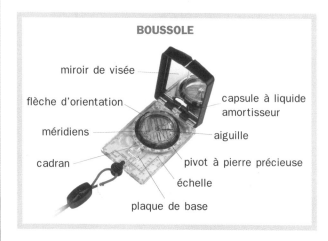

BOUSSOLE

miroir de visée

flèche d'orientation

méridiens

cadran

capsule à liquide amortisseur

aiguille

pivot à pierre précieuse

échelle

plaque de base

LUNETTES D'ALPINISME

branche ajustable

verre

pare-soleil supérieur

coude

cambre

monture

plaquette

pont

pare-soleil latéral

protège-nez

RÉCHAUD AU NAPHTE

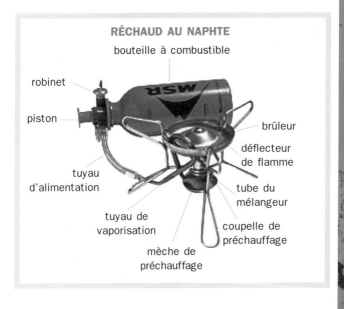

bouteille à combustible

robinet

piston

tuyau d'alimentation

tuyau de vaporisation

mèche de préchauffage

brûleur

déflecteur de flamme

tube du mélangeur

coupelle de préchauffage

GOURDE

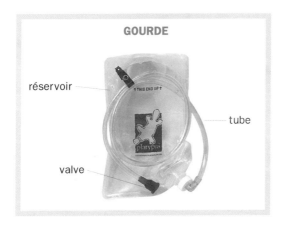

réservoir

tube

valve

RANDONNÉE ET CAMPING

LANTERNE

manchon

globe

régulateur
d'intensité

piston

bouchon

réservoir

boussole

appareil GPS

altimètre

podomètre

harnais porte-radio

lampe frontale

RANDONNÉE ET CAMPING

lampe à DEL

diode électro-
luminescente (DEL)

lumière stroboscopique d'urgence

lanterne

**réflecteur (pour
lanterne à bougie)**

lanterne à bougie

lunettes d'alpinisme

flotteur (pour lunettes de soleil)

RANDONNÉE ET CAMPING

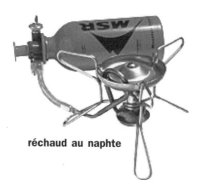

réchaud au naphte

réchaud multicombustible

----- cartouche

réchaud au gaz de
pétrole liquéfié (GPL)

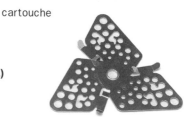

support à réchaud

lampe à DEL

**briquet à
l'épreuve du vent**

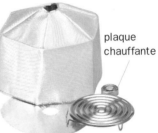

plaque
chauffante

four de camping

**échangeur
thermique**

gamelle

poignée pour casserole

RANDONNÉE ET CAMPING

filtre à eau

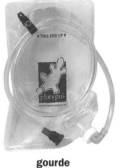

gourde

**douche solaire
portative**

**bâton de marche
télescopique**

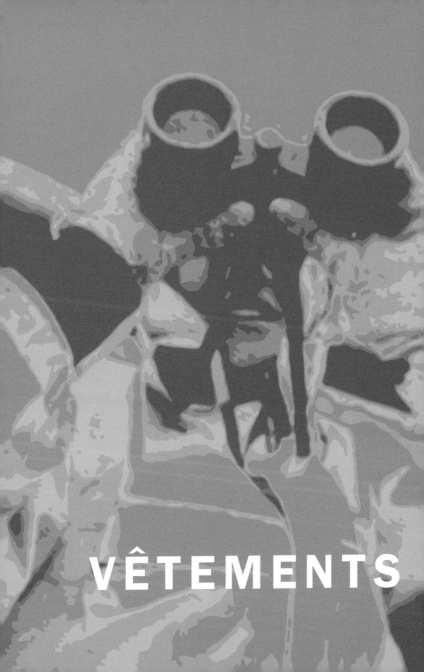

VÊTEMENTS

VÊTEMENTS ET CHAUSSURES

VÊTEMENTS

MANTEAU IMPER-RESPIRANT

bord renforcé

capuchon
intégré

couture scellée

poche de
poitrine

glissière
imperméable

cordon ajustable

taille pare-neige

PANTALON IMPER-RESPIRANT

patte velcro

anneau pour bretelle

glissière pleine
longueur

rabat de glissière

genou préformé

renfort antiabrasion

110 Vêtements

PANTALON CONVERTIBLE

poche cavalière

poche cargo

glissière
à rabat

CONSTRUCTION DES ÉTOFFES
IMPER-RESPIRANTES

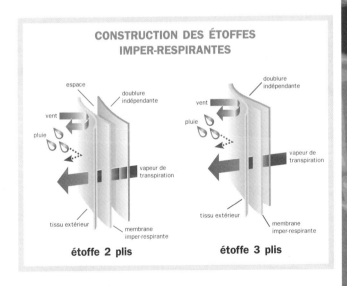

espace

doublure
indépendante

vent

pluie

vapeur de
transpiration

tissu extérieur

membrane
imper-respirante

étoffe 2 plis

doublure
indépendante

vent

pluie

vapeur de
transpiration

tissu extérieur

membrane
imper-respirante

étoffe 3 plis

parka

anorak imperméable

manteau imper-respirant

pantalon imper-respirant

coquille souple

gilet

**chandail
à col montant**

poche réchauffe-main

veste

maillot à demi-glissière

VÊTEMENTS ET CHAUSSURES

chemise

t-shirt à col en V

débardeur

haut sport

camisole

soutien-gorge sport

maillot

polo

short de course

short de surf

knicker

VÊTEMENTS ET CHAUSSURES

capri

collant

jupe portefeuille

pantalon convertible

SOUS-VÊTEMENTS

soutien-gorge

culotte boxeur

culotte

tanga

VÊTEMENTS ET CHAUSSURES

maillot à col roulé

combinaison

fourche à
glissière

caleçon long

camisole

maillot à col rond

maillot à demi-glissière

caleçon boxeur

caleçon

VÊTEMENTS ET CHAUSSURES

ACCESSOIRES D'HABILLEMENT

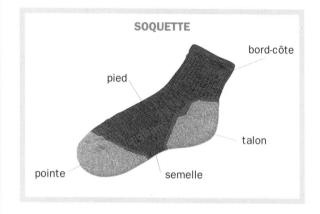

SOQUETTE

bord-côte

pied

talon

pointe

semelle

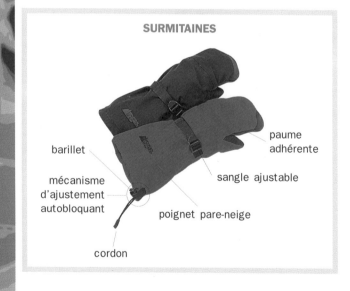

SURMITAINES

barillet

paume adhérente

mécanisme
d'ajustement
autobloquant

sangle ajustable

poignet pare-neige

cordon

soquette

chaussette

manchette

gants

doublures de gants

VÊTEMENTS ET CHAUSSURES

surmitaines

doublures de mitaines

chapeau cloche

chapeau de soleil

casquette saharienne

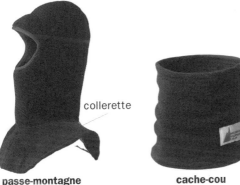

collerette

passe-montagne

cache-cou

bandeau

Accessoires d'habillement

tuque

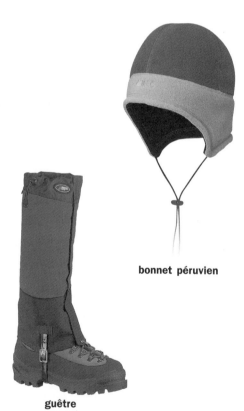

bonnet péruvien

guêtre

CHAUSSURES

BOTTE D'ALPINISME

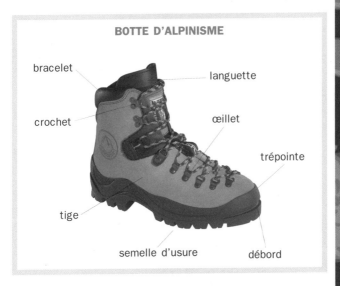

bracelet

languette

crochet

œillet

trépointe

tige

semelle d'usure

débord

CONSTRUCTION

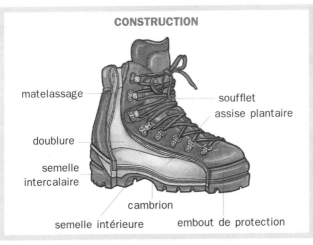

matelassage

soufflet

assise plantaire

doublure

semelle intercalaire

cambrion

semelle intérieure

embout de protection

tong

mocassin hybride

tirant

mocassin

chaussure de course sur sentier

chaussure de marche d'approche

botte de randonnée légère

botte de longue randonnée

botte d'alpinisme

botte d'alpinisme double

VÊTEMENTS ET CHAUSSURES

INDEX

INDEX FRANÇAIS/ANGLAIS

Français	Anglais	Pages
baudrier de poitrine	chest harness	13
bloque-fourchette	lever	78
bloqueur de contre-assurage	rope clamp	23
bonnet nautique	surfhood	49
bonnet péruvien	peruvian hat	124
bord-côte	ribbed top	120
bord renforcé	reinforced brim	110
botte d'alpinisme	mountaineering boot	125, 127
botte d'alpinisme double	double mountaineering boot	127
botte de longue randonnée	backpacking boot	127
botte de randonnée légère	day hiking boot	127
botte de ski classique	classic ski boot	79
botte de ski de haute route	alpine touring (AT) ski boot	72, 74
botte de ski de patin	skate ski boot	80
botte de ski hors piste	touring ski boot	79
botte de télémark	telemark boot	75
bottillon nautique	paddling boot	50
bouchain	chine	37
bouchon	fuel cap	102
boucle	buckle	72, 87
boucle à déclenchement rapide	quick-release buckle	41
boucle de cou-de-pied	instep buckle	66
boucle porte-matériel	gear loop	10
boucle porte-piolet	ice axe loop	87
boule à magnésie	chalk ball	27
bourrelet coupe-froid	draft tube	97
boussole	compass	100, 101
bout	tip	38
bouteille à combustible	fuel bottle	101
bracelet	collar, cuff	72, 125
branche ajustable	adjustable earpiece	100
bretelle	shoulder strap	41, 87
bride de pouce	thumb loop	65
briquet à l'épreuve du vent	windproof lighter	107
broche à glace	ice screw	33
brosse à fart	base brush	84
brosse à prises	brush	27
brûleur	burner	101
butée	toe piece	73, 78
câble de compression	cable	73
câble de gâchette	trigger wire	17
câble pour test rutschblock	rutschblock cord	83
câble tire-pitons	pin puller	21
cache-cou	neck gaiter	123
cadran	bezel	100
cadre	frame	81
cale	cleat	66
cale de montée	climbing bar	76
caleçon	brief	119
caleçon boxeur	boxer brief	119
caleçon long	long johns	118

Français	Anglais	Pages
coinceur	stopper nut	19
coinceur à 3 cames	three-cam unit (TCU)	19
coinceur à tête de cuivre	copper head	22
coinceur hexagonal	hex nut, hexcentric	19
coinceur mécanique	spring-loaded camming device (SLCD)	17, 19
coinceur tubulaire	tube chock	20
col anti-infiltrations	splash collar	48
col montant	high collar	113
collant	tights	116
collant de vélo	cycling tights	68
colle caoutchouc	rubber cement	52
collerette	tuck-in bottom	123
collerette	yoke	97
collet	neck, throat	37, 38
combinaison	union suit	118
combinaison étanche	drysuit	49
combinaison isothermique	wetsuit	49
coque	shell	72
coquille	shell	97
coquille souple	soft shell	112
corde d'ancrage	guyline	93
corde simple	single rope	25
cordelette	cord	26
cordes jumelles	twin rope	25
cordon	drawcord	120
cordon ajustable	adjustable drawcord	110
cordon de serrage	shockcord system	86
cornière	angle piton	20
corsaire	knicker	68
coude	bend	100
coupelle de préchauffage	priming cup	101
courroie de stabilisation	stabilizer strap	86, 87
coussinet lombaire	lumbar pad	87
cousu bord à bord	sewn-through	97
couture scellée	taped seam	110
couvercle de caisson	hatch lid	36
couvre-casque	helmet cover	70
couvre-chaussure	overbootie	70
couvre-habitacle	cockpit cover	45
crampon	crampon	66
crampon	crampon, toe stud	81
crampon à fixation rapide	step-in crampon	32
crampon à lanières	lanier crampon	32
crampon articulé	articulated crampon	32
crampon articulé	hinged crampon	32
crampon à ski	ski crampon	74
crampon rigide	rigid crampon	32
crampon semi-rigide	flexible crampon	32
cran de réglage	adjusting catch	72
crochet	clip	93
crochet	hook	21, 125

Français	Anglais	Pages
crochet autobloquant	locking clips	60
crochet de tension	attachment hook	60
crochet Fifi	Fifi hook	21
crochet pour Abalakov	Abalakov hooker	34
cuissard	cycling short	68
cuissard nautique	paddling short	49
culotte	brief	117
culotte boxeur	boxer brief	117
cyclomètre	cycle computer	63
débardeur	tank top	67, 114
débord	toe welt	125
débord	DIN toe	72
débord	DIN heel	73
décoinceur	nut tool	19
déflecteur de flamme	flame reflector	101
dégaine	quickdraw	18
demi-corde	half rope	25
démonte-cassette	freewheel remover	55
démonte-pédalier	bottom bracket tool	54
démonte-pignons	chain whip	54
démonte-pneu	tire lever	52
dérive-chaîne	chain tool	56
descendeur	descender	24
dispositif d'attache	cradle	64
diode électro-luminescente (DEL)	light emitting diode (LED)	104
doigt	gate	11
dos matelassé	backpad	87
dossier	backband	37
double toit	fly	93
doublure	liner	97
doublure	liner	125
doublure d'appoint	sleeping bag liner	99
doublure de gant	liner glove	121
doublure de mitaine	liner mitt	122
douche solaire portative	solar-heated shower	108
dragonne	leash	31
dragonne	strap	78
échangeur thermique	heat exchanger	107
échelle	scale	100
écrou	nut	52
élastique à mousqueton	biner holding device, carabiner positioner	18
élastique de retenue	leg loop retainer	10
élastique latéral	gusset	11
élastiques de pont	deck bungies	36
emboîtage du talon	heel cup	66
embout de protection	toe counter	125
emplâtre	tire boot	52
épaisseur	loft	97
étrave	stem	36
étrier	aider	24
étrier	toe plate	78

escalade > 9 à 34 ; canot et kayak > 35 à 50 ; vélo > 51 à 70 ; sports d'hiver > 71 à 84 ;
randonnée et camping > 85 à 108 ; vêtements et chaussures > 109 à 127

Français	Anglais	Pages
plaque élévatrice	shim	73, 75
plaquette	hanger, bolt hanger	17
plaquette	nose pad	100
plaquette d'assurage	belay/rescue plate	16
plat-bord	gunwale	36
plate-forme de bivouac	portaledge	29
pneu clouté	stud tire	53
pneu pour vélo de montagne	folding tire	53
pneu pour vélo de route	slick tire	53
poche autodrainante	self-draining pocket	48
poche cargo	cargo pocket	111
poche cavalière	slant pocket, slash pocket	111
poche d'appoint	optional pocket, utility pocket	42, 92
poche de poitrine	chest pocket	110
poche en filet	mesh pocket	41
poche réchauffe-main	handwarmer pocket	113
poche supérieure	lid	60
poche supérieure ajustable	floating lid	86
pochette latérale	side pocket	60, 86
podomètre	pedometer	103
poignée	grip	18, 38, 78
poignée de déclenchement	release pull	60
poignée de transport	carrying handle	61
poignée de transport	carrying toggle	36
poignée de transport	grab loop	37
poignée pour casserole	pot lifter	107
poignet étanche	latex wrist gasket	48
poignet pare-neige	powder cuff	120
point d'ancrage	guypoint	93
pointe	pick	31
pointe	point	32
pointe	stud	54
pointe	toe	120
pointe antérieure	front point	32
pointe secondaire	secondary point	32
poire	blow out bulb	29
polo	polo shirt	115
pompe à écoper	marine pump	42
pont	deck	81
pont	nose-piece	100
pontet	deck plate	36
porte	door	93
porte-bagages	rack	63
porte-bébé	child carrier	87, 90
porte-bouteille	bottle cage	63
porte-broches	ice screw rack	34
portefeuille de jambe	leg wallet	91
porte-matériel	gear sling	30
porte-pelle	shovel holder	89
porte-vélo pour support de toit	roof rack bike mount	64
poulie fixe	fixed side pulley	24

Français	Anglais	Pages
poulie pare-prussik	prusik minding pulley	24
poupe	stern	36
poutre de traction	hang board	28
prise d'escalade	hold	28
profil latéral	sidecut	72
protège-bras	arm armour	58
protège-menton	chin guard	65
protège-nez	nose shield	100
protège-sac	rain cover	92
protège-sacoche	pannier rain cover	62
protège-semelle	over slipper	27
proue	bow	36
rabat de glissière	overflap	110
radio VHF marine	marine VHF Radio	43
rallonge de guidon	bar end	54
range-tout suspendu	gear loft	95
râpe	file	52
raquette	snowshoe	81
réchaud au GPL	LPG stove	106
réchaud au naphte	white gas stove	101, 106
réchaud multicombustible	multi-fuel stove	106
réflecteur	reflector	105
règle	ruler	83
régulateur d'intensité	brightness control	102
remorque	trailer	63
remorque pour enfants	child transporter	64
renfort antiabrasion	scuff guard	110
renfort pour crampons	patch crampon	86
réservoir	fuel tank	102
réservoir	reservoir	101
rétroviseur pour casque	helmet mirror	59
robinet	control valve	101
rondelle	basket	77
ruban athlétique adhésif	athletic tape	28
ruban réfléchissant	reflective tape	48, 65
rustine	patch	52
sabot nautique	water clog	50
sac à bandoulière	sling pack	89
sac à corde	rope bag	30
sac à corde	throw bag	42
sac à crampons	crampon bag	30
sac à dos de promenade	daypack	88
sac à dos de randonnée	weekend pack	88
sac à dos de voyage	travel pack	88
sac à dos d'expédition	expedition pack	86, 88
sac à magnésie	chalkbag	27
sac baril	barrel bag	98
sac bivouac	bivy sack	95
sac d'appoint	overbag	98
sac de cadre	frame bag	62
sac de compression	compression stuff sack	91

escalade > 9 à 34 ; canot et kayak > 35 à 50 ; vélo > 51 à 70 ; sports d'hiver > 71 à 84 ;
randonnée et camping > 85 à 108 ; vêtements et chaussures > 109 à 127

Français	Anglais	Pages
sac de guidon	handlebar bag	62
sac de halage	haul bag	28
sac de pointe	float bag	47
sac de pont	deck drybag	46
sac de portage	portage pack	46
sac de porte-bagages	rackpack	61
sac de selle	seat bag	62
sac de sport	duffle bag	90
sac de taille	waist pack	89
sac étanche	drybag	46
sac messager	courier bag	61, 90
sac momie	mummy bag	97, 98
sac rectangulaire	rectangular bag	98
sac-gourde	hydration pack	89
sacoche	pannier	60
sangle à boucles	daisy chain	26, 60
sangle ajustable	tensioner	120
sangle cale-cuisse	thigh strap	47
sangle cousue	sewn sling	26
sangle d'ajustement	power strap	72
sangle d'ancrage	anchoring strap	47
sangle d'arrimage	rack strap	46
sangle de compression	compression strap	60, 86
sangle de poitrine	sternum strap	87
sangle de relais	anchor master	26
sangle défile-corde	rope hook	29
sangle en velcro	Velcro® strap	66
sangle pour dégaine	draw sling	18
sangle tubulaire	tubular webbing	26
scie à neige	snow saw	82
semelle	base	72
semelle	sole	11, 120
semelle à crampons	lug sole	72
semelle antibottage	antibot plate	32
semelle antibottage	antisnow plate	32
semelle d'usure	outsole	125
semelle intercalaire	midsole	125
semelle intérieure	insole	125
serre-câble	cable stretcher	55
serre-pantalon	ankleband	59
serre-patins	third hand brake tool	55
short de course	running shorts	115
short de surf	surf shorts	115
siège	seat	36, 37
siège de relais	belay seat	29
siège de sol	chair	99
ski classique	classic ski	79
ski de haute route	alpine touring ski	72, 74
ski de montagne	backcountry ski	72
ski de patin	skate ski	80
ski de télémark	telemark ski	75

INDEX ENGLISH/FRENCH

Anglais	Français	Pages
brake tool, third hand	serre-patins	55
brief	culotte	117
brief	caleçon	119
brightness control	régulateur d'intensité	102
brim, reinforced	bord renforcé	110
brow piece	pare-soleil supérieur	100
brush	brosse à prises	27
brush, base	brosse à fart	84
buckle	boucle	72, 87
buckle, instep	boucle de cou-de-pied	66
buckle, quick-release	boucle à déclenchement rapide	41
bulb, blow out	poire	29
bungies, deck	élastiques de pont	36
burner	brûleur	101
burner plate	plaque chauffante	107
cable	câble de compression	73
cable guide	passe-câble	73
cable stretcher	serre-câble	55
cam	came	17
camber	cambrure	11
camming device	coinceur mécanique	17, 19
canister	cartouche	106
canoe	canot	36, 39
canopy	habitacle	93
cap	tuque	124
cap, safari	casquette saharienne	123
capsule, liquid-dampened	capsule à liquide amortisseur	100
carabiner	mousqueton	14, 43
carabiner positioner	élastique à mousqueton	18
carabiner, autolock	mousqueton à verrouillage automatique	14
carabiner, bent gate	mousqueton à doigt incurvé	14, 18
carabiner, D shaped	mousqueton en D	15
carabiner, locking	mousqueton à vis	11, 14
carabiner, oval	mousqueton ovale	15
carabiner, pear shaped	mousqueton en forme de poire	15
carabiner, straight gate	mousqueton classique	14, 18
carabiner, wire gate	mousqueton à doigt de fil	14
cart, canoe	chariot de portage	45
case	étui	52
case, waterproof	étui étanche	46
cement, rubber	colle caoutchouc	52
chain	chaîne	17
chain cleaner	nettoyeur de chaîne	56
chain tool	dérive-chaîne	56
chain wear indicator	indicateur d'usure de chaîne	56
chain whip	démonte-pignons	54
chainlink	maillon de chaîne	54
chair	siège de sol	99
chalk ball	boule à magnésie	27
chalkbag	sac à magnésie	27
chest harness, radio	harnais porte-radio	103

Anglais	Français	Pages
deadman	ancre à neige	34
deck	pont	81
deck line, safety	ligne de vie	36
descender	descendeur	24
DIN heel	débord	73
DIN toe	débord	72
dishing tool	centreur de jante	56
door	porte	93
drawcord	cordon	120
drawcord, adjustable	cordon ajustable	110
drill bit	foret	22
D-ring	anneau en D	43
D-ring anchor	anneau d'ancrage en D	47
drip ring	anneau paragoutte	37
drybag	sac étanche	46
drybag, deck	sac de pont	46
drysuit	combinaison étanche	49
earpiece	cambre	100
earpiece, adjustable	branche ajustable	100
edge	carre	72
eye, clipping	œil	17, 18
eye, deck	ferrure à œillet	44
eyelet	œillet	125
eyelet	œil	125
face fabric	tissu extérieur	111
fender	garde-boue	63
file	râpe	52
file, bevelled	lime à carres	84
fitting, deck	passe-cordes	44
flip flop	tong	126
float bag	sac de pointe	47
float, rescue	flotteur de sauvetage	43
floater	flotteur	105
floor	plancher	93
fly	double toit	93
footbed	assise plantaire	125
footbox	extrémité profilée	97
footprint	toile de sol	95
frame	monture	100
frame	support	81
frame	cadre	81
freewheel remover	démonte-cassette	55
fuel bottle	bouteille à combustible	101
fuel cap	bouchon	102
fuel line	tuyau d'alimentation	101
fuel tank	réservoir	102
gaiter	guêtre	124
gate	doigt	11
gate opening	ouverture	11
gauntlet	manchette	121
gear loft	range-tout suspendu	95

Anglais	Français	Pages
gear sling	porte-matériel	30
generator tube	tuyau de vaporisation	101
glacier sunglasses	lunettes d'alpinisme	100, 103
glove	gant	121
glove, fingerless	gant sans doigts	65, 69
glove, liner	doublure de gant	121
glove, lobster	gant 3 doigts	70
glove, paddling	gant de canot-kayak	50
GPS unit	appareil GPS	102
grab loop	poignée de transport	37
Grigri belay device	assureur Grigri	16
grip	poignée	18, 38, 78
ground cloth	toile de sol	95
groundsheet	toile de sol	95
gunwale	plat-bord	36
gusset	élastique latéral	11
gusset	soufflet	125
guyline	corde d'ancrage	93
guypoint	point d'ancrage	93
hammer	marteau	23
hammer-head	marteau	31
hand drill	tamponnoir	22
handle, carrying	poignée de transport	61
hang board	poutre de traction	28
hanger	plaquette	17
harness	baudrier	10, 13
harness, chest	baudrier de poitrine	13
harness, full body	baudrier complet	13
hat	tuque	124
hat, bucket	chapeau cloche	122
hat, peruvian	bonnet péruvien	124
hat, sun	chapeau de soleil	122
hatch lid	couvercle de caisson	36
haul bag	sac de halage	28
haul loop	anneau de halage	10
head	tête	31
headband	bandeau	123
headlamp	lampe frontale	103
headlight	phare	59
heat exchanger	échangeur thermique	107
heaving line	ligne d'attrape	43
heel	talon	120
heel cup	emboîtage du talon	66
heel piece	talonnière	73, 75, 76, 78
helmet	casque	12, 45
helmet cover	couvre-casque	70
helmet mirror	rétroviseur pour casque	59
helmet, full face	casque intégral	58
hex nut	coinceur hexagonal	19
hexcentric	coinceur hexagonal	19
high collar	col montant	113

Anglais	Français	Pages
hinge	charnière	72
hip pad	cale-hanche	47
hold	prise d'escalade	28
holder, shovel	porte-pelle	89
hood	capuchon	97
hood, attached	capuchon intégré	110
hood, roll away	capuchon escamotable	48
hooded vent	auvent de ventilation	93
hook	crochet	21, 125
hook system, locking	système de fixation à crochets	60
hook, attachment	crochet de tension	60
hook, Fifi	crochet Fifi	21
ice axe holder	attache velcro	86
ice piton	piton à glace	33
ice screw	broche à glace	33
indicator, DIN setting	indicateur de réglage DIN	73
insole	semelle intérieure	125
instep	pied	120
insulation	isolant	97
iron, waxing	fer à farter	84
jacket	gilet	113
jacket, cycling	manteau de vélo	65, 67
jacket, waterproof-breathable	manteau imper-respirant	110, 112
jersey, cycling	maillot de vélo	67
jersey, sleeveless	maillot sans manches	67
kayak, double	kayak tandem	39
kayak, recreational	kayak de plaisance	39
kayak, single	kayak solo	39
kayak, whitewater	kayak d'eau vive	36, 39
knicker	corsaire	68
knickers	knicker	115
lantern	lanterne	102, 104
lantern, candle	lanterne à bougie	103
lash-tab, knife	attache pour couteau	41
leash	dragonne	31
leash	lanière de sécurité	76
leash attachment	œil	31
leash, paddle	laisse de pagaie	42
LED lamp	lampe à DEL	104, 107
leg armour	jambière	58
leg warmer	jambe d'appoint	69
lens	verre	100
lever	fourchette	78
lever	bloque-fourchette	78
lever, heel	levier	32, 73
lever, walk/ski	levier de position	72
lid	poche supérieure	60
lid, floating	poche supérieure ajustable	86
light emitting diode (LED)	diode électro-luminescente (DEL)	104
light, rear	feu arrière	59
light, sea	feu de navigation	43

Anglais	Français	Pages
stud	pointe	54
stud, toe	crampon	81
stuff sack	fourre-tout	92
stuff sack, compression	sac de compression	91
stuff sack, rolled top	fourre-tout à fermeture repliable	92
suction cup	ventouse	43
sun roof	pare-soleil	87
surfhood	bonnet nautique	49
tab, pull	tirant	11, 126
tab, Velcro®	patte velcro	110
tail	talon	72
tail-light	feu arrière	59
tank top	débardeur	67, 114
tape, athletic	ruban athlétique adhésif	28
tape, reflective	ruban réfléchissant	48, 65
tarp	bâche	96
tarp, rope	tapis à corde	30
tensioner	sangle ajustable	120
tent, freestanding	tente autoportante	93, 94
tent, self-supporting	tente autoportante	93, 94
tent, single wall	tente à paroi simple	94
tent, tunnel	tente tunnel	93, 94
thermometer, pocket	thermomètre de poche	82
thigh brace	cale-cuisse	37, 47
thong	tong	117
thong	tanga	117
three-cam unit (TCU)	coinceur à 3 cames	19
throat	collet	37, 38
throw bag	sac à corde	42
thwart	barrot	36
tights	collant	116
tights, cycling	collant de vélo	68
tip	bout	38
tire boot	emplâtre	52
tire lever	démonte-pneu	52
tire, folding	pneu pour vélo de montagne	53
tire, slick	pneu pour vélo de route	53
tire, stud	pneu clouté	53
toe	pointe	120
toe bail	barre de fixation avant	32
toe bar	traverse	73
toe cord	traverse	81
toe counter	embout de protection	125
toe piece	butée	73, 78
toe piece	étrier	73, 78
toe plate	étrier	78
toe welt	débord	125
toggle	barillet	41, 120
toggle, carrying	poignée de transport	36
tongue	languette	11, 72, 125
top, sport	haut sport	114